ANTONIO IANNONE

TU SEI FATTA D'AMIANTO

Don't make me fucking laff
John Cooper Clarke – Evidently Chickentown

Ma io ascolto solo musica orrenda
ribalto i poeti e salto la cena
ma soprattutto non ho voglia di vedere nessuno
L'officina della camomilla – Un fiore per coltello

Continuo a salmodiare magro di sentimenti
Nascosto tra i miei pegni
Crepe di cedimenti
Flowers and Paraffin - Noia

Per le tue battaglie surrealiste, o mia Boris Vian
per le tue testerasate
e i tuoi fianchi a metà
A Grazia, la ninfea d'amianto

On writing (poetry)

ovvero

La prefazione di questa raccolta è una critica a tutti gli scritti e tutti gli scrittori tranne me

Vi diranno che la cultura è utile all'individuo, al raggiungimento dell'utopia cognitiva, al suo benessere estetico ed etico. Scriveranno, poi, che i segni d'interpunzione lasciano respirare un testo, citeranno la poesia ermetica e come quella diranno poco, non avranno un reale interesse per l'opera beat (forse l'unica opera poetica davvero accettabile) e batteranno sempre meno, seguendo il consiglio di asciugare il testo il più possibile, saranno padri di scritti zeppi di pagine bianche e li chiameranno 'il grande vuoto' (in memoria di paolo sorrentino), vi parleranno di italiano standard, di leopardi e del ritmo di manzoni, i più eruditi citeranno orazio e scriveranno poesie sui taccuini in pelle (e non apprezzeranno i giochi di parole, ovviamente) leggendole pubblicamente alla città.

Soprattutto i giovani dovrebbero finirla di ascoltare gli adulti che hanno imparato come si scrive, soprattutto i giovani dovrebbero finirla, di imparare.

Come la prefazione di ballate liriche di coleridge e wordsworth fu il manifesto di certo romanticismo letterario fatto di tempeste e immaginari sovrannaturali, questa raccolta (a dirla tutta molto vana nella sua valenza critica) vuole essere il punto d'inizio di un nuovo movimento poetico, che per l'occorrenza chiameremo fermo: si smetta l'affannosa attività della ricerca lessicale, si svestano i panni intellettualistici e conformi della poesia classicista e si nasca di nuovo da un contemporaneo diverso, figlio di nessuno, di nessun autore, di nessun filosofo, di nessun labor limae, votato, anzi, all'assalto dell'ermetica e dell'arte come racconto, non abbiamo un cazzo da dire e vogliamo che nei nostri scritti nulla succeda per arrivare a nessuna conclusione, lontani conoscenti del lavoro teatrale di carmelo bene e spalleggiati da allen ginsberg, ma comunque individualisti ridotti alle minime carni. Ecco il nome della nuova corrente letteraria che nasce con questa raccolta, che è parodia di tutte le altre ed è fiera di esserlo: individualismo.

E vi diranno che Omero scriveva meglio di voi e che po' ha il troncamento, ma voi ve ne fregherete delle loro consecutio e risponderete: Antonio Iannone scrive meglio di tutti voi messi insieme è il miglior poeta dai tempi di alberto dubito e voi morirete nascosti dal peso del vostro classicismo ispirato dalla natura, siete romanticanti senza il periodo storico a giustificarvi tutti.

E vi diranno che quando si scrive, l'autore non deve misurarsi solo con il suo ego, ma arrivare a tutti e voi risponderete: l'autore non solo deve, ma può parlare soltanto a sé stesso, peccato sia mediocre come tutti voi e qualcuno lo apprezzerà.

E diventerete la parodia giusta, lapalissianamente grottesca.

Questa raccolta di poesie nasce dopo aver assistito ad una serata di performance poetry. Quando la libertà dona il potere di sembrare sotto contratto siamo al maccartismo letterario, in pratica, alla merda.

Io almeno scrivo per me e per la mia ragazza e pubblico solo per la fama.

Influenze danneggiate

Stronzate quelle che mi dici quando scherzi
e i tuoi occhi sono come
morti e i morti scopano con le ossa e si spaccano i denti a leccarsi
senza pelle senza buchi senza amarsi come gli uomini
e la mia rabbia? e il mio dolore? e la mia grammatica?
dove posso gridarla? non nelle poesie
dove posso ammazzare il tempo senza che questo sanguini
e voglia leccarmi? fare arte e vendere vendere vendere
vendere vendere vendere vendere
la propria bruttura siamo come gli specchi
rotti cinesi
siamo come i libri che bruciano che s'annoiano a bruciare e
bruciare
come noi giovani puttane
sentiamo le voci
ma sono solo i tuoi gemiti
esistono fra la tua bocca
lasciami sola come nel tuo primo libro
una creazione inutile è il dolore dell'uomo che sulla classifica è
vetta
mi facessi troverei una scusa a questi versi
ma non mi faccio siringhe
per gli spazi
ginsberg aveva una scusa! keruac era una scusa, la cazzo di beat
generation era una scusa per scrivere e farsi e scopare
e noi cosa siamo? la scusa dei nostri dei tuoi
coming out e
la loro saliva, il mondo si divide in borghesi
e poveri e inutili e punk
e alternativi e io e te e i tuoi denti

delirio, delirio,
come lettere piove dal cielo e io nuvola in calzoni
vilipendio il mio uccello
odio la mia città! io amo la mia stanza!
e salomè e salomè, di grazia, salomè
io sono l'autore ho nome e cognome e madre e madre e ho
studiato ed esisto all'anagrafe e nella tua bocca
come i nostri perché che si infrangono sui vetri come i tuoi seni
e il sesso! il sesso!
io scrivo bestemmie madonnastorta mezzojoyce
cazzoinculofreud, me ne frego della bella
scrittura
della poesia dello spazio temporale della mia coscienza
che vorrebbe pisciare per questo ha i suoi flussi
mestruazione artistica
protopunk salernitani
poesia d'odio! per il pubblico contro il pubblico venghino signori
è cinema, è cinema, è cinema
russo
un po' ridono di questa parodia
dell'essere divertente e masturbarmi e poi solo tu
delle lodi chiare
sei mia per me sei virgola sei punto sei orizzontale
marziano genio! waters genio!
e io? io? io? io?
io
io cosa sono? Io mi domando e non rispondo
e poi mi prego, mi prego d'insolenza, mi faccio d'insulina,
grido troppo quando urlo, corro
mi affanno come quando ti mordo i lobi delle orecchie
e la tua russia come la steppa nelle mie braccia e la mia musica
elettronica e la poesia

e la poesia negli spazi come al solito
gettami nel fiume! mangiami – franami
mordimi come i fili elettrici che con la democrazia ci puliamo il nostro odio
unica sua esistenza unica sua inesistenza unica
sia unica sia
enel enel enel enel tuo culo ho scoperto l'arte ed ora
sto peggio volevo la droga volevo morire
fra le teste rasate delle bocche emaciate
diomorto io non ci sono religioso come il rancore dei giovani comunisti
del collettivi dei brandy dei whisky ubriachi e le nostre maschere
per difenderci dalle matite per gli occhi
e le vie en rose sono piene di spine e dove c'è l'acqua rischi la scossa
e le vie en rose sono piene di spine e dove c'è l'acqua
non sempre c'è un' oasi
il mio nome è corrente, il mio nome è scorretto
scorretto
le pause lunghe caffè, il lavoro è una pausa fra un caffè e una sega
il lavoro è una sega chi lavora a morte
chi lavora a maglia
boia innominabili nella testa degli skinhead
che leggono hitler sudano e ingoiano ma non hanno mai votato
teso giornale comunista lotta continua no pasaran non sapete scrivere
non siete non poeti non esistete

e le vostre bestemmie mi comunicano che non siete
come dio e se siete come dio
è solo autocritica
quindi cccp
indipendenza e freni a mano e frenami quando ti bacio,
o cristo, quando ti bacio mi sento come te! io sono come te io sono te
posso bestemmiarmi ed essere il mio inferno
venire sulle nuvole a mia madre incinta
seduta spiritica sono le tue cosce fantasmi
dell'ozio
sono i tuoi capezzoli turgidi

SA
LM
OD
DIOPOES IA LASCIAMI
NT
ES
ED
UT
AD
IS
PA
RI

esami all'artista vita all'artista all'olimpo il poeta a morte! a morte!
poesia t'ho ammazzato in carcere

sono il mio carcere sei nel mio carcere e silenzio
delle vostre umili ridicole voci non sapete recitare
non volete recitare
ammazzatevi studiate montate i decoder
e non m'importa di voi
piantatemi e poi sia poetico
ditemi che siete perché scrivete
chi ve l'ha detto dio non io dio non io
che l'arte nobilita la vostra disabilità l'arte stravinca
minima animali da palcoscenico il palcoscenico
non vi vuole vi vuole non vuole
l'arte
piange a sentirvi parlare
non sei morto
disumile remix dolce remix io – non – ho – più –
(parole)
carpe diem
die die muori muori muori muori
diem die
spero in noi pungimi acciaio! a mare, pungimi
electro dupstep ante litteram
sei un beat bodyguard sei ermetica sintetica ermeneutica
sei morta come me
sei morta come loro
sei morta la poesia non sei più poesia sei un brutto film siamo
brutti film siamo pasolini
sono pasolini
accattoni indigesti

rivoluzionari spenti pizza e birra al collettivo
comunisti spezzati per fascisti innamorati
ho mangiato un bambino non sapeva di sé
era orfano
e ridete e ridete
disumili disutili dalla bella fica
depilata come le attrici di canale cinque suonate le chitarre
e scopatevi le stanze i buchi delle chitarre le stigmate di dio
le mie quindi
scopatemi nelle stigmate
spara
ragazzi coraggiosi per umidi concorsi e muori per il tuo film!
per nagasaki per cernobyl per casa mia in disordine
per casa mia in tua assenza per fede
per leccaculo poetesse scrittrici amanti e nessuno studia più
i giovani d'oggi sono già vecchi ai miei tempi mi facevo di party
la malattia! la malattia!
che bei capelli li rasi?
e non riesco e non resisto alle tue
mani che sono sabbia e sono polvere con penelope
e questi cazzo di
menù fissi che sono cisti della vergine maria sei un'aquila
di sangue
un animale senza senni di adesso come cantanti che
fumano e mordono
feriscano le statue bianche della vergine si facesse piano
se la vita è a luci rosse
e dio se fosse comunista ma io sono daltonico

e vedo nei tuoi
anni ventunesimo secolo
il rammarico di bocche troppo strette per reading larghi e grossi
la poesia urbana è ferita della metrò
sporca amante succhia cazzi è la vita
la notte ho paura di
morire perché non ho il coraggio di sputare
fra le cosce di mia madre
sono disgusto i miei denti e ho un solo occhio
anche inutile perché ascoltarti è il buio che solo noi chiamiamo
about sex
abatjour vergini per morte o morsi o
sudori freddi
Influenze danneggiate parentele lastriche immotivazioni
realizzate lingue mozzate mortaie
delle bocche etiche ebree masochiste
parliamo discutiamo discutiamo
le coppie infelici! le coppie infelici! le poesie coppie infelici
ultime lettere
di strafatti se questi uomini
e io rinchiuso nella gabbia della notte eterna
sognatore ubriaco di giochi di parole
e alterego also know as stupid idiot
e il teatro dei fessi
e la scrittura dei poveri
come il vomito dei bambini nelle nostre teste pseudo
pseudo
        psico
                peda passi avanti
stilemi autistici le nostre groupie

la realtà è come morta il sogno è come notte
io sono notte
io non dormo davvero
e tu rossa e mangianastri come sapevamo
stare in silenzio al caldo
dei minuti che passavano
e i viaggi che avevamo fatto
e le urla ai passanti che erano
i miei racconti
le poesie dei poveri
il teatro dei fessi e venere al contrario
come gelosia dislessica strabico daltonica e brucia l'uomo
come un fiammifero di piscio
vento vento vento
dietro
lunga vita alla tua bocca
di sterili stronzate
fiumana di terzine dei poeti
morti e sepolti nei castelli
partenze come amianti d'amanti
diamanti e rime
poesia irrequieta immonda
e ripugnante sublimezza
E i tuoi seni
sempre troppo vicini per bruciarli
dagli spazi
vitali delle barriere mortifatte
lingue di catene insalivate
morte alla carestia del
sottoproletariato che non hai mai lavorato con le mani di ogni
altro tacquino
ed annusarti le mani

poi i capelli la fica i capelli e la fica e la bocca e poi la fica
e le mattine sono puttane sedentarie
un verbo non c'è scampo
e le mani e poi la fica
sui miei denti silenziosa e silenziosi noi
commercianti di rossetti
avon come l'arte avon come l'arte
esoterismo acustico
e le tue bocche sono più di novanta come i tuoi occhi
tu sei dappertutto dio
dio sei con me
dio io mangio il tuo buio io bevo la tua notte
dio non esisti il mio nome in tre vani a duecento euro
e il ruolo di casa della poesia
della cricca salernitana degli scrittori emergenti
e tutti i santi giorni sei il dolore al mio braccio sinistro
sei il mio braccio destro la mia santissima trinità
grazia figlio e mano sinistra
della notte del giudizio diciannove anni fa
io sono cristo
io sono una cisti io sono la vergine quindi datemelo in
culo perché sono vergine
vedete come accudisco mio figlio piangente io
vedete come scrivo
io sono la maddalena
io sono joyce
mangio il mondo intero
e ammiro hirschman ed ogni passepartout
per le porte che non vanno da nessuna parte
nelle nostre librerie che si liberano
dell'uomo del commesso e sono solo libri che nessuno legge mai,
come i miei.

Ottogiorni

(Immagine e verosimiglianza)
Scopro dispoetico un corpo
prigione di grigiori
alle odi russe di spettri di spazi occupati dalle tue mani
mie comuniste
e la comprensione bagnata
dei tuoi umori
penitenti e dio
come fosse tuo padre ci ammala di cure oppiacee
nirvana-dio non è tuo padre
ma ci ammala
dio è le tue gambe
curve alla forma dei detriti distrutti dai martelli pneumatici di
respiri e broncopolmoniti
-Sai baciare?
C'è tempo perso per ogni
seno
due-
dolore al tuo mondo intero della postrivoluzione letteraria
sessuale baci maestri
di strade campinomadi,
labbra fredde, come segretarie.
(Ante litteram)
Ancora tremo al giorno
che
risalta sui tuoi denti direttrici
e piove come nelle sale del porno incondizionato del permesso
non richiesto dannata poesia
mediocre della vernice
sul tuo culo morbido

e intelligenti bacia
di calze troppo strette per petrarca
e cristo in alzheimer
delle tue scarpe
e la nostra ottimista spazzatura
angeli come se esistessero
fossero coltelli,
ferissero i cerbiatti dell'antivivisezione indipendente
dall'olocausto candido
morto, naziskin il tuo
collo e i nostri contatti
devono dirsi animali.
(Sei artistica nelle gallerie ma attenta agli incidenti)
Il melodramma impotente
del tuo appetito
fiera affamata nei mercatini
di mezzanotte
platone ladro di mele
la fauna sul tuo
palato e io odio la
natura
omosessuale
degli animali greci
fascismo incomunicabile
sulla carta di vergini misantropie
e scopate ambiziose sulle sedie di plastica
il dolore all'inizio poi
malattia
Non lascio a te il potere della decisione
perché la nostra è una virilità dittatrice
l'oggi
nell'insoddisfazione marziale di questi

corpi redattori impreparati ai versi,
due e le tue cosce
impareranno a suonare
di battiti accelerati per con
sonanti moleste.
(Io sono daltonico e tu sei mancina)
Baci l'aspide
serpe amaranto
della chiesa in
fiamme, puoi chiamarla
esasperazione,
moneta cauta
dollari la tua schiena
che diventa sangue dei poeti emancipati
comprensibili al cancro
dell'ilva dell'abbandono
come il cancro dell'ilva
disoccupazione dalla prostituzione minorile
Comunemente insofferta
Per la crescita liberale
Dell'oggetto individuo
La realtà mormora stronzate e
compera lamette per depilazioni endecasillabi
piccolelabbra
come i tuoi punti neri
poesia a cottimo.
Che non abbia più mani o mi
finiscano i
taccuini
mi rallegra la
rivoluzione semovibile
etnica

per le tue scarpe verdi.
(Ti desidero nel senso che ti scrivo addosso)
Come
masturbazioni saltuarie spengo
certe voglie di voci e di lingue amanti
ansiolitici antibiotiche tedofori
di gomma immuni ai mercatini
maratone di petti sfacciatamente osceni
(il tuo, nudo)
e leccarti le cosce come pillole per le pressioni
atmosferiche
sfamami solo
col tuo corpo che mangerò
scondito e insipido
per ricordarti meno e farmi più
cicatrici dai barattoli di sangue infetto che mi regalavi una volta al
mese e
finiscimi come certi assorbenti
come marciano
le anime suoi tuoi occhiali
armi di distruzione
minima gas
la poesia è
tuttaneglispazi
quindi, accapo.
(La verità sta tutta negli acquerelli)
Tachicardia pomeridiana
che poi il cuore è alla tua altezza
dei seni
e il tuo respiro mi raffredda e la poesia mi annoia
e non ci tiene
in vita, quindi stacchiamo la spina

d'eutanasie accidentali
bombecarta sugli ospedali africani e
le tue occhiaie sono più scure
dei miei denti ricordi
dei morbi tremanti
morbosi
delle mani da tenere strette per i camionisti inesperti che
non conoscono la via infinita
salernoreggiocalabria
dio, dio, dio, dammi una birra e prega per il mio uccello in ritardo,
regalami nostro figlio per
sacrificartelo agli hippie bevibirra
sulla zona orientale
e quando mi baci
lo faccio anch'io
tra i miei occhi di vetro dietro
cui specchiarsi.
(Contrabbando di caffè caldo)
Allegoria parodica del
solomè artistico
amleto, otello, decisioni fatali
macbeth allegria monodica
dei nostri dolori corali umoristici per
le televisioni via cavo via
dalla cavità della mia bocca
qualsiasi altro animale che non abbia
il tuo odore
e i filocomunisti amici testerasate per
le rivoluzioni piovose
pregano legami la vita
è bella e i comunisti ci salvarono da auschwitz

e noi in pigiama perché troppo stanchi di docce che non ci ammazzavano
perché troppo nazisti
come il sangue sporco degli
ebrei circoncisi
cenere eravamo,
siamo groviglio di bocche
due, tre, mille,
siamo trecentomila che non esistono fra i bassi che
cadono a pezzi per le bombe sul contrabbando di
caffè caldo.

(Pigrizia più tre versi)

La comprensione bagnata
dei tuoi umori
penitenti e dio
come fosse tuo padre ci ammala di cure oppiacee
mediocre della vernice
sul tuo culo morbido
e intelligenti bacia
di calze troppo strette per petrarca
e cristo in alzheimer
nell'insoddisfazione marziale di questi
corpi redattori impreparati ai versi,
due e le tue cosce
comprensibili al cancro
dell'ilva dell'abbandono
come il cancro dell'ilva
e leccarti le cosce come pillole per le pressioni atmosferiche
dio, dio, dio, dammi una birra e prega per il mio uccello in ritardo,
regalami nostro figlio per
sacrificartelo agli hippie bevibirra

sulla zona orientale
e i comunisti ci salvarono da auschwitz
e noi in pigiama perché troppo stanchi di docce che non ci
ammazzavano
perché troppo nazisti
come il sangue sporco degli
ebrei circoncisi
saltuaria bellezza ritorna
in fabbrica
che il fumo sarà come un vestito.

Aggettivazione contro i genitori

Invadenti dislessici disillusi
stipendiati accusatori militanti militari
incendiari bombecarta
parlatroppo
morti inesistenti pentiti carcerari
carcerieri del domani nudi sporchi e inconcludenti
disfattisti intelligenti
ignoranti disattenti scrittori impenitenti
mangiamerda allusori illusioni giovani
dislessici e poi sarti
panellenici coglioni
manager bodyguard safelife tecnologi italiani
vaffanculo
immagini ripudi artistici
lavoratori instancabili scopatori urlatroppo
bevibirra spastici
epilettici stronzi
grandi cosce e sacrifici come le case in cui vivete
compravesti nudità
palapartenopi urlatori artistoidi sinistrodi
non perché è mio figlio
danza cinema teatro tivvù scuola
e altre noie
per chi vorrebbe
piaceristi e cortesi quasi quanto i piemontesi
padroni del denaro
sfruttatori comunisti
E inutili pastori
religiosi porcocristo
egoisti come non mai.

Comunicazione

Mannaggia la madonna,
la fessa di gesùcristo in croce nel culo
di san pietro
quale sex appeal sono i piedi della maddalena
e giuda è corda per il cazzo di dio
basta davvero un santo per comunicarti le mie bestemmie
il buco del culo di sant'agostino
il buco del collo di san sebastiano
le ali nella figa della madonna dell'arcangelo
gabriele la comunicazione sembra
il clitoride di maria la cappella di cristo la sborra di san giuseppe
sborra sborra sborra al bambinello appena nato
la stella cadente fra le cosce dei pastori
e fra la barba di kubrick
dio è bertolucci e la madonna è nelle statue
piange sangue dappertutto cristo lecca le mammelle di sangue
l'intera mano santa
una cattolica apostolica
nel cristo in croce del miseria infame
della scelta
cristo uomo è bestemmia.

Colare a picco come gli acquerelli

L'accettazione è indipendente
per aspettare e aspettare sempre
costa meno la bigiotteria dei tuoi occhi
ti comprerò a poco prezzo per ricrearti sotto le gallerie
buie
delle tue gole lente
le officine spente che mi ricostruiscono le palpebre
e il mio cinismo mi ricorda esenin
e le battaglie a fiori e fiamme dei fuochi fatui
le prostitute
illuminaci
le serate scure
disegnate agli acquerelli ma colate
a picco
dove gli uomini hanno i capelli rossi e il cielo è grigio anche se è
estate
il tuo è un colore forte
e non è per il sole
o la malaria
è photoshop, la vita è in photoshop
per cambiarci i vestiti
con le linguette che si strappavano
una scusa come un'altra per restare nudi dietro la carta carbone
diventare graphic novel
rivestiti di madonne e di bestemmie e di diamanti
oro colato
dentro di me
d'oro spezzato per colpa del tuo rossetto
come i capelli
di chi c'è morto

'Bout eros death

I

Sex
your fuckin' clothes
off (spenti)
she takes away
youth 'nd beer 'nd poetry
everyones' language
english tongue for young tits 'nd porn
the fuckin' show is fuckin' came out (cooperclarke)
became out making cry making clothes of-f
sexhead (ginsberg) curtis going to their sisters cave
darkness 'nd orgasm
'nd humble fuckness
erosrigths as third wars
divorced
i dont' care about mechanics (patience)
nude school empty woman
nude school empty poem
nude school violationship
beat poets happening
action 'nd prose
'bout eros death

II

in
Little burgess state a cockwork
hurts minimal aesthetic age dressed up
say the poor man
I don't want other relationshit
poor 'nd pure sexistentialism

atheist writers believe me
its rachmaninof not
excitement
orgasm industry the fuckin' Italian flag 'nd chant
sisters of cockness brothers of cockness
cockless is the industry of eros
e I tuoi occhi li abbiamo presi da tzara
for poetry
lennon 'nd beer
fuck in my head your pussy
'nd lick her 'nd penerape her

e

III

butterscene butterscene dance with fuckin' merde
the establishment in my head
the ironic iron for your industry
poor poet shit
rich poet shit
child of us rich poet of us for paying fame
in coffee houses shop
porn shops your bits
generation bit

s

asbestos in your hairs
cancer cancer cancer insert cancers here
not hairs cancers
'rotic obscene tits
creative useless body painting

and cum

cum

c

 u

  m

IV

I'm the delusion I'm the disillusion
don't be silly nympho
in our neon life new life
new lines of abortion pro life
euthamnesya drownsiness orgasms
go away herpes go away like lick
god's herpes
slowly in your pussy
s l o w l y
for animal knifes
for sex greatcockness knights
for woman for orgy for poetry
I use myself for masturbation
my rebel flesh
(veloce)
the pussing of time is fuckin' still
screw 'nd cares 'bout life 'nd flesh
almost death.

V

Bloc-mute indifference
between body and lost time
be tweenneewt eb

is painting last time
with our fuckin' pascals lives
frivolous homosexual who fucks **worldliness**
'nd drink put their tongue in the ass of pope
pop call me maybe! so call me maybe!
lick my little inside fuck me inside
pray for me then
prayed for me now
'nd cum
again.

Punk pubs night
Ure so not like punk pubs
Screamin' as a punk pub
Crown pubs
Acustic sexion
Im so not like bukowski
(I can write poetry)
'Nd so noise sadness
In scary voices
Mute - who scares?
Be a queen in a queen kingdoms
Whips for poetry
Lips for vian
Ics for true answers
I don't wanna stay here i stay here
Queen of albatross for all the bigcocked bohemien
No-one in everyone.

Delirio d'onninnocenza

L'innocenza è finita
mangiate pure la vostra carne al mattatoio
bevete il vostro sangue che cola dalla bocca dagli organi spezzati
che sono come alibi
se avete freddo rincorretevi pure per la fabbrica
e penetrate ogni corridoio con la vostra puzza da operai
perché scrivere è seguire un filo che non porta da nessuna parte a volte alla ricchezza a volte al sesso
quindi da nessuna parte
e le rock pop synth star hanno tutte la gonorrea
e noi chiamiamo letti i nostri mattatoi
ingoiamo ragni come donne piene di catene
che non hanno capelli perché li hanno venduti ai mariti e le parole!
le parole hanno un bel suono per me amianto è la miglior parola al mondo
e noi non esistiamo perché siamo dei e intorno a noi era tutto una ruggine di genitori
e noi siamo la nostra casa il nostro qualunquismo
contro la vostra mediocrità
ma cosa deve fare un uomo per esser almeno un po' qualunquista?
per non volere case e non volere stanze?
per amare l'abitudine di un bacio?
cosa dobbiamo fare per essere socialmente accettati dalla critica anarcoide dell'uomo contro l'uomo bere dai seni delle nostre madri?
essere lucidi e ammazzarci i figli come figli di cani?
è il diritto al mattatoio
il diritto ad essere carne di seconda scelta

ad essere venduti per la prostituzione amorosa e soldi come lingue tagliate e fiche strette
che si vedono dai pantacollant
non sappiamo essere diversi da quel che siamo quando siamo letti e carni
lenti e tarli
perché il sangue è nella tua bocca e quindi brindiamo!
le tue cosce sono come la germania utili per gli operai
le tue mani sono come i pezzi dei manichini
i tuoi algidi manichini che fremono fermi dalle bocche delle stazioni
ed escono e ritrovano la luce
in alcuni vestiti in alcuni reggiseni
aureole i tuoi capezzoli
e non ti tocco te lo giuro preferisco il nudo al sesso
e non ti tocco perché ho perso le mani tranne che per stringerti forte
a questa guerra fredda
che si lanciano pezzi d'amianto le fabbriche russe e i deputati di chernobyl
combattono la camorra coi megafoni e le bombe ad orologeria
sul fuso orario di londra perché londra non passa mai di moda
come le calze a rete
i piedini certe tonnare di maldicenze sulle nostre figure solide
che si desiderano solo a sussurrarsi perché hanno perso la voce
a furia di gridarsi contro di picchiarsi di cadere dalle scale di combattere coi cuscini
e di lasciarsi leccare le caverne che sono profumate
poi devi andare via a lavoro
preferisci stringermi con le tue mani
come se fossero pugni pieni di anelli
e senza farmi male entri nel mio corpo e i ruoli di invertono

perché non ci è mai importato nulla dei ruoli e delle buona
musica
noi compriamo solo libri su cui mettere i nostri nomi per non
dimenticarli
e noi stessi siamo libri
e ci sfogliamo con le dite e le bagniamo sulla lingua
e noi stessi siamo lingua e corpo potessimo non esserlo
potessimo vivere senza accarezzarci
e baciarci
potessimo smettere di toccarci e di succhiarci
e poi di star male
potessimo anche solo non guardarci perché non avremmo occhi e
se solo non avessimo mani
io starei male
il corpo è una catena anche il nostro
è una catena
Le cose che mi dici sono come i merli
chiamiamoci assassini per le anse speciali
per i servizi mediocri e tutta la nostra sterpaglia pro life
non ci aiuta ad annusare i nudi artistici su cui vomitare spirito
santo per i tuoi pennarelli all'uranio
e mi bastava la fabbrica per avvelenarmi
ed ora anche tu misero corpo che ancora immagini
usi le virgole o impari a scrivere
o a recitare
hai fatto di me la tua religione
credi in un solo me stesso uno santo cattolico come le lingue
attonito come le donne
armonico come le donne grasse
hai fatto di questo corpo tutto sangue e di questo spettacolo il
tuo mare

il mare addolorato dei flussi degli scrittori che hanno capito e quelli che scrivono solo per sé
hai fatto di questo corpo un dialogo
che io non volevo perché il dialogo e la barbarie hanno ammazzato
la mia innocenza
nella somministrazione media del carbone
e leggo le tue voglie
poesiole essenziali
ossessive (ossessive ossessive ossessive)
e il palco è una fitta passeggera
una tragedia che si consuma in meno di due ore negli spettacoli migliori
che si consuma tra i divani nei camerini sporchi di cerone e sperma
e le parrucche servono per il privè
vorrei soltanto non aver paura della notte e ne ho paura
perché di notte non sono padrone di nulla
né dell'ambizione di certo cinema e di certo teatro
né del mio corpo che vorrebbe scopare a tutte le ore e di notte è costretto a dormire
né delle donnine che non hanno capito e lasciamoglielo credere
aspettare perché il dolore si consumi
pagare il biglietto per le vite degli altri
comprare il consumismo intellettuale
obbedisci ai vian consuma i rousseau
per giustificare il denaro che guadagni a scrivere brutte poesie
sulle donne uccise dai mariti
a leggere e farti piacere joyce
scegliere sempre il sonno come massima aspirazione
abbiate paura stasera perché da questa sera
perché sarete tutti morti

non si scappa dal buio che stanotte vi assalirà mentre vi ricorderete di questa voce e non di questo corpo che si sta masturbando davanti a voi
sperate soltanto nella salvezza divina
ma loro sono troppi occupati a pensare a sé stessi solo io mi preoccupo di voi
portate i vostri figli come sacrifici prima di ricordare loro che i vostri sono solo per il futuro
giovani madri incinte portatemi le vostre bambine
datemi i vostri culetti giovani puttanelle
io baderò a sputarci sopra e a sputarci dentro così non potrete dire di essere state violentate
perché già voi siete la violenza del prossimo
voi uomini sociali politico culturali
tagliatevi i testicoli
così non dovrete più fare nessun sacrificio
le nostre guerre sono sempre meglio finché fatte ad inchiostro
ma l'uomo con la pistola vince sempre
per fortuna

Salomè

Se non fosse che sussurrare ci è ormai proibito
salomè
avremmo tante idee da vomitarci addosso
e poi ridere sulle fabbriche dei tuoi vestiti che lasciano
scoperte le cosce
se non fosse che giovanni battista continuasse a salmodiare
cazzate in cella
potremmo leccarci e sputare sui bravi poeti
ed essere il re in una città di storpi ed essere storpi per la
pesantezza pudica del cinema d'autore
se non fosse che la pesantezza sono i tuoi discorsi sulla vergogna
e le tue labbra sulla pudicizia
e sia che gesù cristo mi resuscitasse il cazzo
e non sia che chiamassi le tue mani gesù cristo
ma se questo calice non fosse così pieno di sangue lo allontanerei
se fosse vino lo regalerei alla servitù ma il tuo sangue è come vino
per i deboli
per questo la tua gola è fra le mie cosce
e le tue cosce sono la mia gola
e certi petali di giorno brillano come i morti
che sono nudi per questo rispettabili
non essere affabile, puttana contemporanea
ammazzami come le tue idee come il profeta
io sono il profeta quindi balla per me e lascia perdere la dizione
poi fa' di ogni velo una fossa e svestiti d'eleganza e vomito.

Holy! Holy! Holy! (Ginsberg teachings)

Holy bloody bible faith
st. square's brained homo brand
kasba priest for christ's rapes
water lily in evil gay
just wake up in mainly guy
they are pregnant son of devil
made french sex in a dirty jail

Holy sperm in the head of madness
and my father disappeared
for the enlightenment of prostitutes
dancing in the sea and let the devil in
and your clumsy (cooperclarke) pussy means
touch the lonely cold stones
ouch in certain poetry bones

Holy hate for all the prose
and the poetry 'nd visual art 'nd cinéma 'nd music 'nd punk 'nd
food 'nd sex 'nd action
laziness independence
im not an artist
ill never be an artist
i swear on ginsberg's bottom.

Spermatozoi

Sono figlia di nessuno
di mille vite di mille orgasmi di quando tutto andava bene
sono figlia degli spasmi
sono figlia della morte e dell'amianto che ci copre
io non sono un genitore sono una centrale nucleare di emozioni controvento
non rispondo mai a nessuno
essendo figlia di mio padre
che pregando la madonna ebbe una figlia sì diversa
sono figlia delle strofe
delle filastrocche brutte così brutte come questa
io vi ammazzo sputasoldi
sentenzianti e il disamore
infilatevelo nel culo e innamoratevi di nuovo
due coglioni che non sanno
che la loro vita è stata una morte lenta ed un po' troppo interessata
e non mi dispiacerà per voi
se ingrasserete i vermi
perché io sia qualcuno persa nel disinteresse
nel disfattismo nunc
nella pigrizia amorosa nella disobbedienza civile
sono un omicidio
e vi ammazzerò.

Donna-mutuo

Ti vedo donna mutuo
mentre studi anatomie inutili
o poesiole infami
diatribe fra poeti di più o meno immacolata concezione politica
ti vedo mentre metti lo sgambetto a Mohammed-Alì
vecchiaccio tremolante
mentre chiudi nel tetrapack la forma del tuo sesso
e ti vedevo anche senza bocca per non lasciarci andare alle critiche religiose
ti vedo donna mutuo a corsi universitari
a corse per i pullman e per l'ultimo pasto alla mensa
l'ultima cena di diritto privato
e sono con te al buio perché il buio ti è sempre piaciuto
mentre ti vedevo nuda quando ancora non eri mutuo.
ti vedo donna mutuo sposata con figli che insegni filosofia
e non sei felice con un marito muto
e tu mutuo
penserei a tua madre e ancora riesco a ridere
ti vedo donna mutuo
e sono con te a scrivere poesie mentre giochi a saltare la cena e a tirare la cinghia
per l'etica del male minore
ti vedo votare nel calore delle urne elettorali e a leggere Hegel
a ventuno stronzi giustamente disinteressati dalla vita
e qualsiasi cosa accada è colpa della politica
ti vedo ad invecchiare piano e ad accompagnare tua figlia a scuola
bella e innamorata (forse un po' più di te) e tu eri come lei
che è l'etica del male minore
forse eri come lei

ma lei è già come te.
ti vesti di coma etilici di spose ellittiche
forse felici di urla e siringhe
di amanti infermieri vestiti da lutto
commercialisti brav'uomini che combattono il dio denaro
per il loro dio cristiano che è mercante al tempio
per il keruac inutile e le birre a poco prezzo
sono forse questi, i figli? e le guance cadenti
di euridice (volevo vedere com'era, se i morti invecchiano, perché
se invecchiano che senso ha?)
lascia il silenzio ai pezzi di duke ellington e la vecchiaia alle donne
unisciti con me nelle danze quarantenni come noi
coi piedi nudi e le calze rotte
come i punk
utopia utopia utopia i piedi nudi
il luogo ideale è l'assassinio
è la galera è l'assenza
per correre fra i nastri trasportatori degli autogrill
per superare le scale mobili
(supereremo la notte anche stavolta? che palle)
l'avventura commerciale al negozio di colpi

(la mia testa è una matrona puttana)

Non mi interessano le fertilità familiari
dei tuoi fianchi nitidi
e le città di marmo come i poeti della beat generation
dov'è che siamo nati e siamo esplosi?
nelle nostre grotte profonde come te
(p
  r
    ho già usato questo espediente)
interrogarsi sul male fa di me un poeta migliore?
disinteressarsi a qualsiasi conoscenza che non sia la mia - di cosa mi rende schiavo? di quale prosa?
di quali cazzo di arcaismi?
(sei la puttana vestita di strass che di notte ruba il tempo alle troie grottesche
la notte è una puttana
sei la puttana che censuro fra le parentesi e non esisti non esiste
non ti sono dentro - non chiamarmi figlio tuo - sono un aborto - come ogni poeta - come tutti gli artisti
carta straccia
non leggete
prosperate)
Cospargo le strade di sperma
(mi cospargo il capo di cenere)
(questa potrebbe essere la mia urlo)
e quando mi chiederanno cosa fai risponderò sputo sulla mia città
sui suoi poeti mediocri e sui miei genitori (sui tuoi genitori)
non mi amo e preferisco aspettare domani per smettere di far paura
perché non sono nato punk?
perché non sono cooper clarke?

non ho famiglie borghesi tranne una che chiamo eutanasia
(qualcuno lassù è caduto molto in basso - non lo salverò da morte certa - non sono un buon samaritano)
resto in silenzio irreligioso perché Gesù cristo vuole si parli di lui
è una puttana isterica
pietà cristo io sono muto
resta zitto in memoria di me
(chi sei. non ricordo. figlio di dio come tanti altri - perché a te un miracolo? beati i poveri che non hanno nulla da perdere alla prosa incivile di certi versi)
chi sei. non ricordo. un poeta come tanti che diverrà famoso
come tanti poeti

Quanta democrazia nei tuoi silenzi

Quanta democrazia nei tuoi silenzi
e che io sia per te inquinamento che spesso
troppo spesso per riuscire a resistere
nella propaganda elettorale delle tue solitudini statiche
delle dodici fatiche per raggiungerti
qualche chilometro non mi farà male
solo la morte
che preferisco
ai singhiozzi della tua poesia disarmonica (perché il male suona come il cannibalismo?)
cosa sanguini dal petto del tuo omicidio surrogato delle tue superbie etiche
moralismi esistenziali
difficoltà respiratorie e poi montagne
me le sento in petto come pirandello
pesanti come le avessi mangiate e mi sento in petto le tue nevi le tue venti armoniche e le tue cento bocche
e farò scoppiare tutto perché le tue grida siano la salvaguardia del territorio
e il nostro lavoro sia tanto vano da costringere i muti a gemere e le puttane a germogliare
esploderò nella tua democrazia ed in certa dittatura
incerta di deboli anime meccaniche per vederti come un'opera concettuale steampunk
per lasciarti andare nei locali di parigi
perché tutte le belle ragazze andranno prima o poi a parigi
e parigi e il cimitero delle belle ragazze
anche senza saperlo
e io sarò per te fossa comune per lo scambio dei corpi inanimati
e delle persone che mi pendono agli stracci

io me ne frego e ti monopolizzo tagliandomi alle dita
e arrivando a questo dono
che non puoi ripagarmi

Chi l'ha detto che la poesia d'amore deve essere letta dagli altri?

Voglio vivere una vita bassa
mangiando poco e cullato dal vento
gridando al mare che non so nuotare
gridando ai poeti che non sono come loro
sono soltanto una vita bassa
stasera piango e mi bagno i calzoni
ma ci sarà chi li cambierà, o al massimo li getterò in mare
non c'è neve sulla spiaggia se si intonano i colori
chi l'ha detto che la poesia d'amore deve essere letta dagli altri?
voglio essere una vita bassa ma lo chiederò sottovoce
tanto mi sentirai

Nella mia vita bassa voglio ci siano un paio di barboni
un cannibalismo da capitale per non essere iscritto alla mensa dei poveri
perché vita bassa non vuol dire vita sociale
e nessuno piangerà per me
nella mia vita che sono felice di avere
e la neve non macchia i cieli (almeno non in questo mondo)
l'onironautica è una sovversione accettabile
e mangerò dalle tue mani, perché tu sarai la statua di clarke giù al vicolo
e ti scioglierò del marmo
ma tu scapperai

Non mi rialzerò, perché sarò senza vestiti
e i poliziotti sono sempre contrari al pudore
ma tu scapperai lontano e ci rincontreremo a Budapest
e io la confonderò con Bucarest
ma farà lo stesso

e mendicheremo un po' d'acqua e qualche fucilazione
ma farà lo stesso
e mendicheremo un genocidio di fosse comuni
ma farà lo stesso
scappando dalle nostre vita future e ritrovandoci
io statua, tu mendicante
per poi ricominciare a giocare alle nostre vite
nei bassifondi di Bucarest o Budapest, fa lo stesso.

Una questione d'estetica

Resteremo dentro alle stazioni che sembrano ombelichi nelle bocche
ma non andremo da nessuna parte perché ogni luogo
è come un altro
e non ricordo di partenze perché resto qui a gridare
e i treni che partono mi coprono
mi ferirò da solo e il pubblico ammaliato mi applaudirà
chi ha sempre recitato amori impossibili ha smesso, per fortuna
e la mia mediocrità sarà più fertile di voi
mi baceranno e racconteranno di wajtyla tremolante sul letto di morte
ma i treni copriranno anche la morte
mi spettina il tuo vento fradicio
restando qui a contemplare la difficoltà della prosa d'autore
il vento è creato artificiale dai treni che partono e arrivano, ma non sono mai in anticipo
-
(monete e spettacoli ammalati
e i versi più geniali che abbia scritto
li tengo chiusi in un cassetto per ritrovarli morti)
-
In gabbia ma felici di sapere che nessun altro ha le chiavi delle grate
per aprire le finestre (per uscire, per vivere o per socializzare)
io non riconosco visi ed accarezzo le mie idee con una falce
e perdo l'insistenza dello scrivere se non quando mi si aprono le porte
è allora che vorrei partire, ma io non ho più desideri
e cerco l'equilibrio di star fermo, con due corpi stesi a uno
fuori c'è troppo vento e io sono nudo

e tu sei il mio vestito preferito, perché il tuo colore delle guance si intona con la mia carnagione.

Performance poetry

Perché se solo provassi empatia
mi perderei nell'interesse e quindi scrivere non mi interesserebbe
non puoi scolpirmi di più perché la mia superbia è granitica
e mi ci vuole più tempo per scrivere una poesia
un capitolo come l'undicesimo di bestemmia sterile
non lo scriverò più
non ci riuscirei a prendere spunto da quello che sono
e ritrovo ancora in te il qualunquismo della letteratura d'amore
ma scrivo peggio e scrivo peggio
farei soltanto performance senza parlare spacciandole per avanguardia alla john cage
e per sentirmi manzoni mi masturberei nei barattoli di latta delle pubblicità
citando anche andy wharol
e sto continuando a battere favole ammazzate dai sassofoni
e vorrei essere famoso perché se proprio devo uscire da dentro di te preferisco andare in un posto in cui tutti mi considerano geniale
altrimenti restiamo a casa a guardarci negli occhi per riconoscere le bugie
(nella terra dei fuochi, chi ha un solo cubetto di ghiaccio è un re)
le letture non mi danno la gioia che vorrei
e dopo aver gridato per la mia mezz'ora vorrei scappare e far finta che non sia successo niente
le uniche volte in cui ne ho voglia è quando vedo qualcun altro
allora dall'altruista che sono penso
il pubblico dovrebbe potermi sentire
ma poi si risolve tutto in un solo orgasmo che non porta a niente
se non ad un'ennesima doccia

nella birra
e nella timidezza da pezzi rotti e volontà

Castità e infanticidio di Peter Pan

Batti le mani se credi nelle fate
non lasciare che campanellino muoia
batti le mani se credi nelle fate
non lasciare che campanellino muoia
Accarezzati ancora vestita come una donna
con le labbra da puttana e le calze da suffragetta
che passeggi per il cielo con aria da biasimata
e ci sballavamo di bestemmie e di risate e di essere bambini e di non vedere nulla e non volerne sapere
della politica antropologica a tratti letteraria e mai comica di quelle rivoluzioni degli adulti
adulti come i tuoi seni
e le tue visioni lucide del mondo perché sei sempre stata ebbra
anche dopo la cazzo di polvere di fata
e giocare a strapparci pezzi di carne come animali in gabbia
anche senza esserlo (ma era questo il divertimento)
fossi campana il cui gessetto
sia il tuo sangue e che diventi vino
e io ero cristo perché il gioco è solo degli stupidi
il gioco delle parti e dove vai resta con la tua bocca e dimmi milioni di stronzate
e io farò finta di ridere perché
i bambini crescano sani con la testa spaccata dalle ore di fatica
delle costruzioni che questa filastrocca mi farà sognare le tue viscere

che mi afferrano la gola e come un quadro di goya sei una puttana che ingoia cannibalismo
e non posso rincorrerti perché i tuoi labirinti sono formati dall'acciaio di certi capelli
da dodicenne
accondiscendente e uccideremo i giudici solo perché ci pare finché i bambini saranno senza cuore ma con un grosso cazzo e una fica larga
per ammazzare i genitori anche se siamo sazi e fare il loro stesso rumore quando affondano la bocca nel brodo o parlano del nostro futuro
(io da grande voglio fare l'irresponsabile stare solo bene perché così mi pare)
e se ci mancassero le biglie avremmo gli occhi dei nostri padri coi loro sacrifici spenti fra un gioco di potere e una disillusione fatta figlia
coi loro uncini e siamo noi i vostri coccodrilli
i feti della mezzanotte siamo tutte le medicine che vi porteranno nella tomba
e ci porterete nella tomba che sia per voi tomba come le mie mani nei tuoi tarocchi
nei tuoi mille esterni e nei tuoi mezzi cuori
(è questo il mio lavoro sono solo un erotomane e non mi vieta di credere alle fate che non siete)
vi chiesi di combattere con le mie mille voci e mi tagliaste il collo con le vostri mani intinte nei detersivi
soltanto ossa della bellezza

ed io non voglio quadri, brucerò la vostra arte che vi rende maturi rispettabili e perfetti
e non voglio poemi perché non credo nelle illusioni e mi taglierò la lingua per non gemere se te ne andrai
fra i giardini di Kensington a non credere nelle fate a pisciare sulle loro ali e scoparti campanellino
e il nostro erotico si perderà nel mortificazione totale dei black-out anoressici.
-
Siamo giovani detestabili bruciamo i giorni instabili come le decisioni (soprattutto di scappare) che camminavamo tra le facce di Hiroshima scoppiate mute come gli americani
che avevano figli nati dagli incesti sanguinosi tra adulti e adolescenti che si abbandonavano a loro stessi nelle belle case ferme sudate con gli scarti dello sperma di una vita passata a essere egoisti
lasciandosi gridare e spaccare sulle sedie fatte con le siringhe perché la morte crea dipendenza
e ci vestiamo da genocidi infantili, il sottile gioco delle paratassi linguistica non ci appartiene
un figlio è un'erezione statica per corpi eccitati ed egoisti
a dirla tutta un figlio è un quadro e come tale va bruciato prima che scappi
(io non sono un bimbo perduto io non mi perdo non mi perdo sono qui tra gli alberi e me lo ricordo cos'è un bacio ma mi ricordo di più cos'è un ditale, wendy
sono le mie dita fra le tue cosce che mi parlavano della morte di allen ginsberg vecchio barbone omosessuale

da cui copio versi interi perché la pigrizia infantile è l'unico e sincero elemento da presentare ai festival da leggere ai reading con cui accoppiarsi
e le tue cosce erano animali spermatici che mi guardavano e avevo paura
come del lavoro di svegliarmi e contarmi i calli sul petto e fra le labbra
non guardatemi piedini spaventosi per il mio feticismo estetico, per questa teologia sessuale
dei fauni e delle sirene che ti bramavano, di tutti i bambini perduti che volevano commettere incesto
chi non commetterebbe incesto? chi avrebbe visione del pudore se solo non gli fosse vietato?
io scopo con mia madre
l'unica madre che abbia scelto
che ho rubato alla vita da genitori impenitenti che scontano lavorando la pena d'aver partorito
l'incesto è vita e ritorno e il tuo sangue da dodicenne sulle foglie con le fate che si masturbavano a vicenda
e i bambini che se lo succhiavano
perché sono così stupidi? i bambini avrebbero potuto scoparsi le fate
e solo io la madre con il seno da ragazzina al vento che se le vedesse uncino, tornerebbe giovane
e noi senza vino accarezzati dagli alberi e da certi corpi nudi ci perdevamo nel sangue
figli del sangue

e decidemmo di non avere bambini ma di sceglierceli e poi ammazzarli
l'infanticidio è l'unico vero atto d'amore
e scopare è un'azione statica
sei come freud e io sono il tuo erotico
sei il complesso di edipo ma io sono antigone e morirò
e tu crescerai perché il libro l'ho letto i miei genitori mi hanno costretto ad imparare a leggere e la cultura mi ha addolorato ha ammazzato l'ultima parte interessata e felice
io vorrei non sapere nulla vivere nella completa ignoranza della realtà
non uscire dall'isola neanche quando piove
e sbagliare la consecutio che non servirà a coprire i tuoi gemiti e i miei genitali
sono geniale solo quando sto zitto e bacio non quando scrivo che mi riesce mediocremente perché non ci lavoro
e la tua specialità era farti rincorrere e dirmi di no come tutte le madri incinta che torneranno a londra
e leggeranno ai propri figli i nostri racconti erotici e io rimarrò solo
a farmi masturbare dai bambini perduti perché anche trilli è troppo occupata a rimpiangerti
eri cosce e leccavi cosce
e come tutte le bambine giocavi col cazzo e a farti penetrare piano tra lo stupore dei compagni
scopare non fa di te una donna, fa di me un ragazzo
e anche la mia ombra vuole un po' del tuo culo
vuol far di te una schiava come di quei seni il mio sapore

impresso a caldo, come di quei seni)

-

i coltelli non si addicono ai bambini perché li rendono liberi
e non c'è nulla di peggio di un bambino libero
ora ho ucciso mia madre che dorme nella merda come prima
ho sentito le forbici tagliarle il cordone che ci legava in un rapporto di sudditanza e trucco scadente
travestiti da automobili, travestiti da infelici, voglio la secessione da te!
sono la secessione da me!
cado nelle mie ferite che sanno d'elettricità l'essere maturi
sa d'elettricità
non essere così ermetica – non sei così inutile – che cosa hai da dire – ammesso tu ce l'abbia
ho letto nei tuoi gesti
una pulsione esanime di un'esistenza etica
e non potremo più danzare sui cadaveri degli alberi e zittire i poeti che non hanno capito
se non fosse che il tuo corpo è jazz e la mia lingua è blues
non scenderò con voi ad affogarmi nei dialoghi
io giocherò a tutti i giochi e quando li avrò finiti, altro ne inventerò
per distrarmi dalla gelosia e dalle lingue delle nonne neanche buone alla rivoluzione
(questa è la danza del serpente
che ti scende in gola e più non torna su
questa è la morte del bambino
che se sai cos'è non lo baci più

e non ci sono bambini buoni ma solo anime in pena che vagano tra le assi dei palcoscenici piangendo le battute di Shakespeare e sperando di fare del male come lady macbeth come le loro mamme nutrite dai cazzi grossi degli amanti, dei divorzi insolenti che non si concludevano proprio mai nonostante le speranze riposte in una vita felice senza alcuna famiglia, nonostante le speranze riposte nell'infelicità a qualsiasi costo della famiglia)
esploderò nelle vostre bocche! nelle vostre case! dei vostri poemetti!
esploderò fra gli autori, gli innamorati e non avrò pietà di nessuno come ti avevo promesso wendy
prima di lasciarti scopare da chiunque abbia un reddito superiore a un ditale
esploderò a londra!
e nei cinema chiusi sono già esploso e ritornato in vita
(io credo nella morte, lo giuro, lo giuro)
e sarò la vostra piaga da decubito quando sarete morti e appena recalcitranti, vi segherò le cosce
così che il dolore a cui mi avete costretto in vita sia il vostro ultimo ricordo
perché sono un bambino e mi dovete tutto e mi dovete la vita.
-
'ha paura delle sua ombra – e poi parla da solo - dice che scapperà – la prego – ammazzi la sua ombra – la prego
è tutta colpa sua se peter vuole andare via
non l'ho partorito perché potesse essere felice
aspiro al mio essere donna vestita da donna

anche io ho un bacio che nessuno può afferrare tranne mio figlio
l'unico vero incesto è quello commesso nei riguardi del mondo
e non se ne andrà – mi accudirà fino alla morte – perché lui è la mia morte
la prego lo leghi lo leghi, sarà lui la mia ombra e non gli permetterò di scappare e di assumere quantitativi ingenti di pasticche di me-ta-nfetam-ina-libe-rtina
io non gli permetterò nulla! io non gli permetterò nulla!
tranne che di morire insieme
-domani scapperò, madre e non potrai fare nulla
non chiedermi dove andrò perché tu non guardi le stelle
impoverito quest'abito dalla tua mano santa che creò la vita io rinnego dio e combatto i pirati
-e come farai per masturbarti?
-lì ci sono le fate – madre non avrò mai più bisogno delle tue mani
-domani lavorerai
-non nei giardini perché lì è tutto teatrale e il pubblico non può essere deluso. ma tu te le ricordi le canzoni per bambini?
-certo.
per fare un tavolo – ci vuol danaro – per far danaro – ci vuole un uomo
-hai sbagliato
-ci sono due coccodrilli – ed io resto a casa – ma dove vuoi che vada? – no, padre resto a casa
quarantaquattro gatti non mi daranno mai la felicità della voce dei coccodrilli devo sputare in bocca alle ninnanne non ho figli a cui badare e tu domani te ne andrai, peter

vuoi andar via stasera? resta con me a guardare il televisore spento per unire le nostre anime
lasciati andare un'ultima volta all'immondizia incestuosa dell'orgasmo materno, torna nella mia fica, peter, torna nella mia fica
-madre, madre mia, perché non puoi restare così per sempre? ho imparato a volare e tu resti a terra a morire.
-
Non mi serve raccogliere infarti, vedervi morire come le idee e non m'importa lasciarvi scappare, mi annoio di meno senza di voi, tornate a casa dalle vostre madrine ingioiellate con le ossa dei loro mariti
saziatevi sempre dei baci che vi daranno, almeno voi sarete felici
andrete via senza combattere, voi dei bambini avete solo la vigliaccheria
e se faremo la rivoluzione, io voglio essere il dittatore di questa demagogia infantile e noi saremo i maccartisti di tutti gli adulti
noi berremo dal loro culo e scoperemo i loro buchi morti inondandogli la faccia, sporcandogli i capelli, arrugginendogli le spade
vi prometto che ci divertiremo e io lo succhierò a tutti voi, senza usare i denti stavolta, lo giuro
perché volete andare via e spogliarvi del titolo di perduti? vi mancano le vostre madri? forse mia madre è morta o forse no, ma sono sicuro non ha ancora imparato a volare
non andatevene, prometto che lo succhierò a tutti
e vi farò mangiare l'altra mano di uncino che volevo conservare per me

non mi piace il mare
perché ho costruito un'isola? per affogarmici.
bambini, stasera vostro padre ha voglia di evirarsi, prendetemi una freccia e tagliatemi il cazzo
perché senza wendy e senza la vostra bocca
potrei solo farlo ingoiare alle sirene.
che begli occhi che hai – per accecarmi meglio che bella bocca che hai – per succhiarlo meglio – che belle orecchie che hai – per riempirle di foglie – che bel buco del culo che hai – per essere un bambino
(io esisto solo nelle favole di wendy
io sono una storia da raccontare, ma non ci credo nelle storie
io voglio far paura, ammazzare gli adulti e portare i bambini con me
solo in questo sono simile a loro, la dissimulazione del male per il mio unico egoismo)
uncino, posso diventare come te, adesso?
adesso che ti ho ammazzato, posso avere la tua stessa paura del futuro? di non essere il protagonista? di non vivere abbastanza.
uncino, posso essere tuo figlio?
sarei disposto ad uccidermi, per leggerti la mia favola e renderla accettabile e mortificata
come la carcassa
del tuo teatro
e stasera aspetto il vino perché finalmente sono adulto
come i tuoi seni.
-
alienata con monomania del masochismo estetico

del feticismo per il cannibalismo catartico delle budella strappate dal corpo
bagnata fra le cosce ad ogni omicidio
tu eri un pirata, non una ragazza perduta
ammazziamone una, ammazziamo una fata
ce ne sono tante
ne nascono sempre di giovani e non ammazziamola dicendo io non credo ne
ammazziamone una per vedere di che colore hanno il sangue
grigio, il sangue delle fate è grigio perché dentro sono fatte di pietra
le fate sono statue con la fichettina stretta
le rime della giovane wendy
la fata sul tavolo che guardava impietrita le ali strappate
  un’ala
                                        volata
          un’ala
no, ferma, un’ala a capoverso
     un’ala
                    no (commercialità delle ali)
perché non piove mai sull’isola quando ci sono io?
alla fate non piace la pioggia
ma questa preferirebbe la pioggia alla morte
era adulta nell’animo, un po’ lo meritava
certo che ho un bisturi nel rifugio i bambini sono sempre dei grandi grandi chirurgi e dei grandi grandi assassini
da dove iniziamo? dalla testa? no? dalla fica?
un taglio verso l’alto e già vedevo le tue cosce commuoversi

(questa fata aveva paura, ma non era arrabbiata con noi perché
le fate possono provare una sola emozione per volta)
e poi leccarla fin dentro il cuore e strapparglielo
cosa ce ne facciamo di un cuore così piccolo? mangialo, peter
strabordava il cuoricino tra le viscere del cristo e incontrò il suo
gli chiese –chi sei? gli rispose –nessuno gli chiese –sto per morire
gli rispose –io sto per morire, tu sei giovane e non crescerai
e si sciolse,
il piccolo cuoricino della fata
la testa, peter, lasciami tagliarle la testa
che rotolò per il tavolo e cascò sul mio cazzo
quale piacere una testa mozzata, wendy
peter, penetrami con quelle cosce di fata, calde e deliziose
incesto e necrofilia, gli unici peccati di una bambina
(peccati è un concetto cristiano)
incesto e necrofilia, gli unici vizi di una bambina
(vizi è un concetto romantico)
-
Io non sono un artista d'avanguardia
la lotta d'avanguardia si combatte con le spade di plastica
la lotta all'avanguardia si recita a salve e io non saluto nessuno
lo si scopre quando si è in due, in due è la fine di tutto
e combattere sempre, combattere ora seduti al korova a citare
stronzate
a parlare di wendy che era come la violenza
e io lo sapevo come si costruivano le spade (e com'era un bacio,
lo sapevo)
con il metallo dalle ossa delle sirene

che sono vestite di tailleur armonici e suonano mentre stridono i denti ammazzando le favole e le filastrocche
perché in questa stanza non piove mai? perchè in questa cazzo di stanza non piove mai?
scoperchierò i tetti perché mi manca la pioggia sono stanco della primavera
io voglio essere un tuono
erano belli i nostri èrami e le nostre filosofie a letto
è questa la castità di peter pan e tu sei il suo infanticidio
andrai in prigione e lì ci si masturba dalla mattina alla sera
(potrebbe piacerti la prigione)
ma a me non piacerà il dolore di certe attenzioni donate ai secondi
per questo sull'isola non ci sono prigioni, perché le attenzioni sono tutte per me
sono tutte per me, puttana
e butterò giù le isole e mi butterò giù con le isole
io non so più volare
affogherò nell'oceano
giù nell'oceano, peter, e non ti salveranno le fate
giù nell'oceano, peter
peter! peter! l'isola sta sparendo
l'isola è in playback, wendy
la mia ombra è in playback la beat generation è in playback la tua finestra la paratassi la propaganda elettorale la rivoluzione in pigiama il disgusto ermetico il vittorianesimo il rinascimento
siamo tutti neoclassici! siamo tutti barocchi!
io non possedevo intelletto sapevo solo combattere

perché mi hai insegnato a scopare?
non sei maestra di nulla tranne che del dolore
mai fidarsi delle maestre
non conoscono peter pan
la sua grandezza eraclea la sua forza d'animo
peter ha salvato una fata battendo le mani
peter ha riattaccato la propria ombra
Non ce n'è brillanti come me!
Oh, the cleverness of me!
io ho creato il vostro mondo, bambini perduti
sono io la vostra unica madre e dovreste mostrarmi rispetto
e voi fate venite giù ed aiutatemi strappatemi le carni di bambino
voglio diventare anziano e baciare wendy ancora
sì! io mi rinnego! io non sono un cazzo! io non sono io!
sono stanco di voi sono stanco sono stanco
.
madre sono sclerodermico, per questo così pigro
se sono giovane è perché sono malato e tu non hai mai avuto le risposte
madre, se vai a dire in giro che io non ti abbraccio più
significa che c'è un motivo per cui non debba riscaldarti
quarant'anni di lavori macchia mani e solo un giorno per non averle avute
e chiedere spiegazioni alla caritas
per gli alimenti che non conserverò
mettere da parte la dolcezza ma poi non usarla, proprio come il denaro
essere la regina dei qualunque

ma senza saperlo, sempre in silenzio
vivendo e non vivendo ma nemmeno senza sceglierlo
e non hai mai avuto il coraggio d'ammazzarti
perché poi per fare lo scrittore serve sempre la laurea d'avvocato
ma per combattere i pirati non mi servì quella di spadaccino
curavo da solo le ferite gettando un po' di sangue nell'acqua dell'oceano
io ero mangime per i pesci, poi lo sarò per i vermi, ma non lo sarò più per te
non credo nei rimpianti gettati dal pontile
ma non sono cresciuto, proprio come volevo
io spero tu sia morta, che almeno tu ci sia riuscita
e non faceva caldo sulle poltrone dov'eri seduta
e non era il camino che era sempre spento il freddo che sentivo veniva dal tuo corpo
e non potevi scrivere poesie
io perdono i qualunquisti, i mediocri e i genitori
perché non sanno mai che i figli andranno via e costruiranno isole per le ragazze giovani
io voglio essere una ragazza giovane
mostrare le gonnelle e far ingelosire le signore
voglio tagliare gli alberi e ammazzare la natura poi costruire barche dalle le querce protette
voglio alzarmi il vestitino ed arrossire un po' quando si parla di sesso
scostare le mutandine e non nascondere le depilazioni
non mi basta più essere un ragazzo io voglio essere wendy
wendy! wendy! io voglio essere te!

wendy sono sclerodermico, per questo così pigro
se sono invecchiato è perché
i tuoi cambiamenti hanno colpito la mia pelle troppo dura
lasciando che le rughe ringraziassero te
e che le riempissi con i tuoi umori caldi che assomigliavano alle attrici di hollywood
e il tuo bacio è diventato una cicatrice che arriva alle orecchie
che taglia in due la testa tra la bocca e la bocca
ci sono le maree tra le differenze
e parli sottovoce non come quando ansimavi perché ora la tua fica sta per richiudersi
lascia che io ti sfili la gonna voglio indossarla da solo
cosa è successo alle tue gambe che sono fatte di legno? è un'altra favola, wendy
è un'altra favola
e la bocca semichiusa come se stessi sempre per raccontare a qualcuno di noi?
io non mi dimenticai di te, mi dimenticai la strada
perché londra è così grande e mi persi nel big ben
ed ora l'ho ritrovata ma tu stai dondolando
leggendomi di nuovo ma non riesci a piangere perché sei una candela nuda sotto gli stracci
e continui ad avere freddo
e che ti manca la primavera
non aspettarti nulla da questa carcassa che sta per invecchiare
e mi porterà l'oceano verso l'isola che non c'è
fate! carissime consanguinee! bambini perduti! sirene!
quel che resta dei pirati! indiani! alberi! mari fiumi scrittoi!

wendy è morta
wendy è morta
wendy è morta
lo giuro, lo giuro.
-
io non ho paura davvero la paura è una finzione letteraria
io non ho mai avuto così paura
perché io sono una finzione letteraria
wendy è morta, campanellino?
ma tu sei viva, vero? wendy è morta, campanellino?
campanellino vive, wendy muore
wendy è morta!
io non ho paura, io credo nelle fate. le fate sono vive, campanellino?
lo sai questo cos'è, campanellino?
certo che lo sai, tutte le ragazze lo sanno, tutte le ragazze si masturbano
campanellino, tagliamelo.
tagliamelo, campanellino!
wendy è morta, campanellino? tutte le wendy lo sanno, tutte le wendy si masturbano
campanellino è viva, tutte le fate lo sanno
tutti i bambini le masturbano
tagliamelo, campanellino
tutti i bambini si toccano sotto le coperte e di giorno le madri non capiscono cosa siano quelle macchie che non vanno via
è sperma
è lo sperma dei bambini! è lo sperma dei vostri figli! leccatelo!

prendete esempio da me! madri, leccate il mio sperma!
wendy leccava il mio sperma, campanellino
wendy è morta, campanellino?
tagliamelo, non ce n'è eccitati come me
non farà male, campanellino
non ha fatto male
lasciatemi solo ora sono finalmente come un bambino
finché i bambini saranno senza infelici, impuri
e con un cazzo a metà.

Alterazione del patrimonio genetico di un individuo familiare

Contorta, fatta di plastica
cartaccia che prende fuoco essendo fatta di carta
intagli nelle braccia
la polvere come capelli, soffiare
soffiare   s   o   f   f   i   a   r   e
avvolta nella nuvola di polvere, tossendo
si fa strada fra gli esanimi
col pube di polvere, si bagna
cammina sull'acqua e
                    senza un pelo
ridistribuisce al mondo il suo peso sbilanciato da un seno
e non grida di bocca, ma viene di petto
rispettami, rispettami
grida il suo petto e diventa una bocca, si circoncide le ossa
e ci fa una filo su cui correre, tanto gli invertebrati non sentono dolore
per le tue mani nere io grido all'omicidio
per i tuoi piedi neri io grido all'omicidio
il pube ridiventa calice e come la vergine
tu sei la vergine
mentre nutre tutti i suoi figli, serpenti
come lei
con la labbra spalancate come una grotta per ripararsi dal futurismo
tutto il mio corpo è una foresta e io striscio su di me
mi taglierò le gambe per farci la muta
e non lasciare radici - dov'ero?
quando brucio - e cado
sulle mie ossa, ma sono ancora il mio pranzo?
e sotto lo squarcio di grotta di tutti i miei figli

usa
Med ia bulimia materna.
ea

Comunication (the version without nonsense)

Standard, standard
bastard standards for standard standards
theatrical genocides in our normal life
crushed mouth for every lunch
and making sex with no arms
my room
          is not alcoholic
my jokes
          are not so funny
like the jazz (symphony)
like the punk (melancholy)
low spirits with low-fi
in low fire - for cold eyes - perfect girls are not in porn
it doesn't matter
i really swear on the queen
i saw the worst mind of the ancient generation quote allen ginsberg
                                        badly
is the language a son of the tongue like the daughters?
Tous les garçons et les filles de mon âge
making sex thinking to edith piaf et francoise hardy (in a lesbian relationship)
io soltanto (sussurrando)
dico che il linguaggio è un nonsense
cause *nonsense* stand for
bestemmia

La tua schiena è uno specchio che mi distrae dallo scrivere

Io sono un succubo
per questo mi travesto
delle tue mani fatte di pietra
sono un oggetto e mi perdo tra gli scaffali polverosi
tra i chiodi
e le camicie a quadri
e tu sei bianca come la madonna sarà che hai preso freddo
o forse è soltanto la paura della morte?
e tu sei vergine come una statua e solo perché la mia gola brucia
sono io che grido nelle stanze vuote
e voi non ci siete
la differenza tra illusione e illazione tra l'azione e l'intenzione
sono i tuoi seni morbidi
bozzetti in controluce
sono controproducenti per le mie opere teatrali
la tua schiena è uno specchio che mi distrae dallo scrivere perché
ribalta la luce
e la mia casa è buia e tu non spegnerti
se indosserò un fiammifero sarà per mantenerti viva
vederti torcere
e fare luce
per ritrovare i tuoi vestiti
(non li avevi quando sei arrivata, lo giuro)
se poi hai vergogna del nudo posso fare delle tende con i miei
dylan dog
e ricucirti addosso le battute di groucho
e disegnarti le rughe col pennarello rosso, farei di te uno
scarabocchio
e ti venderei alle aste

per poi ricomprarti e slegarti e dirti che le poesie d'amore sono tutte terribili e che mi spaventano
perché sono dei grandi canyon
in cui farsi male.

Il solo lato negativo del creare correnti è avere freddo

Espositori da vetrine le mie parole
una maschera nell'erotico della comunicazione di certa prosa
impetuosa
nelle serate atee di filosofia
madri dei miei castelli barbarici e quindi puttana come tutte le
madri, avide
d'amore e d'umori
nelle ripetizioni dei concetti repetita non iuvant alla giovinezza
persa alla prima pubblicazione
oltretutto non sono che arido di cancri stroncabudella di cazzate
periodiche
tirannia perenne è la mediocrità di passaggio
e qual è lo stato nuovo delle cose? di quale sensazione amena
esanime di questa letteratura infame
generata da una classifica stanca giudice delle mie disgrazie e di
queste filastrocche sporche
senza valore come le occhiaie che ci disegnavamo per
assomigliare a tutto l'alcool bevuto da keruac
ma le matite ci scioglievano troppo presto e i nostri reading erano
sempre troppo vicini per preparaci davanti alle corti marziali di
schiavi e pittori action painting
le nostre aspidi nei polmoni per respirare peggio di adesso
la fatica straziante dei nostri genitori
per operare di sperma i senza cuore e sperare nella morte dolce
degli operai in sciopero
mediocri costruzioni da rivoluzione e padri di filosofi

mediocri costruzioni di conoscenza
e noi siamo d'amianto perché non ci siamo ancora consumati (del tutto, dal lutto)
abbiamo candele di cemento per incendiare i grattacieli sputando ancora sulla bandiera
coprendoci dagli stracci sempreverdi degli applausi
da spettacoli socialisti che portano ai riconoscimenti ufficiali
che il sindaco è costretto a presiedere nella sua camicia grigia e l'antimafia sempre dietro la porta
non aspetto colpe
sono un attentato alla cultura perché l'arte mi annoia come la masturbazione
perché l'arte è fine a sé stessa come il buongusto i miei mal di testa e le tue macchie sul pavimento
il pericolo è un'aggravante incinta
una troia partoriente insormontabile e l'interesse di certi versi voi siete troppo in buona fede per riuscire a comprenderlo del tutto
m'interesso di voi dei vostri idilli e delle pulsioni che professate a parole nei bagni
mentre fumate e create per pochi minuti grandi correnti beat
che vi portano controcorrente a recitare cazzate spacciandole per variazioni sulla poesia ermetica io. aspetto. la. vostra. grammatica. polverosa figlia di sessantottini in prigione
trans costituzione (travestitismo poetico)
e aspettativa
nella fica insuperabile dell'illusione in cui pure le ombre si sono rotte il cazzo

e cadranno i vostri monopoli indivisibili perché gli opposti si
attraggono nelle metrò notturne
dei tuoi avanspettacoli innocenti
che ci fermano alle destinazioni
aspettando un nuovo pusher di disinteresse per perderci ancora
nell'ambizione spontanea della tecnica artistica
a cosa serve? perché continuiamo imperterriti a voler lucrare
sulla nostra misera carne ferita a morte?
io lo accetto questo capro espiatorio per l'abbattimento
dell'ossigeno, ma un genocidio val bene della letteratura?
Jawohl!

Fare l'amore prima della leucemia

E' che il tuo metallo
accartocciata, come l'alluminio
e i tuoi circuiti fanno spegnere le luci
e le macchine degli ospedali le tieni in vita
parlandomi di hitler
ma la tua bocca ce la aggiungiamo in postproduzione
l'amore prima della leucemia
i letti sono già bianchi, come le navi, i mari o le camicie degli attori bravi
se accavalli le gambe ci ritroviamo tutti quanti a parigi
a non capirci un cazzo
le spade di legno le lasciamo a chi non ci crede
che le pistole
non fondono sotto di te
che le pistole
confondono sotto di me
e poi spararci in bocca
e' che i tuoi pixel
fanno di me un poligono
di centoventi bpm per volare dal balcone
e accarezzare l'idea del suicidio sarebbe come accarezzarti il mare
che ti porti dietro
quando ti ecciti
non mi è avanzato un solo globulo
ma tu rifiuti la mascherina per parlami dell'olocausto
e queste trasfusioni
non so se funzionano davvero
ma aspettiamo assieme che mi liberino dall'ago dentro al braccio
amore, il mondo è tutto qua dentro
e domani moriremo

aspettando il succco delle tre

Segreteria a comando

Che le tue segreterie comandano il mio stato
mi comandano gli strazi e la carne da strapparmi
dittatrice mia dittatrice
tu sei per me qualsiasi arma
una voce registrata è un pugno dentro che ripara i nastri
isolanti
isolati
della tua bocca
una parola. una pausa.
proprio come facevi tu
una pausa. una parola.
non ho detto a nessuno delle siringhe di schiaffi che mi porto
addosso
e non è colpa tua né dei miei reading
è che dormo poco e come cuscino mi tengo i palmi
e spiego i segni
dei miei anelli con i formicolii alle guance
ma i tuoi come li spiego?

Marina ha un corpo, ma è sconfinata

Rivestirsi di muraglie
per incontrarci
quando cadremo
                    quando cadremo?
il tuo corpo è una performance
per disegnarti mani
e nastri
        e baffi e armi
i tuoi seni non hanno confini ma portano
a trafiggerci
e cadere sull'audience che applaude
gli schiaffi che mi dai
mi stai facendo male
a dormire sugli anelli e quei segni
ti trapassano le guance
e arrivano a far piangere le mie braccia
quando mi colpiscono
schiena curva occhi alla caverna
per riscoprirsi dentro e rivedere la luce dalla bocca
il tuo corpo è un palco
perché profumi di legno e quei buchi li hanno fatti i tarli
che se ti apri ne viene fuori un arco
che lo apri ne vieni fuori tu
(archiologia, mi pare che si chiami)
il tuo sangue è una stoffa per una nuova performance
in cui ti rivesti
ma sei in bianco e nero e la macchina ti inquadra i binari tra la schiena
interrotti dal ferro
anche dentro soprattutto dentro

per metterci a nudo dovremmo chiuderci dentro
e strapparci gli occhi
per non vederci piangere parlando dei ruoli da assumere.

I fiori per i fiori

Di vetro, come le ninfee
lavorare - lavorare - lavorare
quanto costano i fiori
per ammazzare i fiori!
quanti morti dovremo ancora fare per le nostre malattie veneree
per ammalarci e non lavorare
o soltanto per leggere sartre
quanto costano i busti di sartre
e le tue maledette piante da far appassire
io la odio la natura, io non sono la natura
io la odio la cultura, io non sono la cultura
nella mia tuta da lavoro c'erano i tuoi acquerelli in stop-motion
vestiti di musica classica e topi
per sparare in acqua e colpire le sirene che colavano di eyeliner
chloè disegnava fiori sui fogli a3
troppo grandi per entrarci dentro e modificarne la saturazione
chloè è appassita
sotto i pezzi di duke ellington
e a noi non resta che pagarle i funerali nelle aiuole calpestate
uno strappacuore, colin - sei uno strappacuore
uno strappaninfee, vian non l'ha inventato
uno strappapolmoni per non respirare
come dentro di te
ci sono le crepe dei tuoi genitori che con una lametta si sono divertiti
a intagliarti dei fiori
sui polmoni
per immaginarti foglio di carta
i tuoi sono dei maledetti professori
che trapassano la carta per scriverci

le ninfee non fanno male, da' retta a noi che ti vogliamo bene

Lucien nell'abisso

C'è un grande abisso che mi richiama dentro
un abisso etereo
dal profilo scarico e dall'età censurabile
dalle mille forme, questo abisso è la mia opera
erotico, dai seni morbidi che sa di fumo
latente, che ad ogni sguardo sfugge alle mie mani
mi porta con sé
c'è un grande abisso in questo bicchiere
nel vetro per tagliarci i palmi
nei colori appena sopra la fica
un abisso ombelicale dentro cui perdersi
morire
dietro cui nascondersi, farsi fuori
con le tue mani sulle mie orecchie per non sentire
che me le stai staccando
per sentirti di vetro e specchiarmi aprendoti le gambe
romperci la testa appena sotto il collo
per impiccarci e caderci cianotici addosso
per sparare all'acqua
dove ci sei tu
che sai di jazz e fumo, della nuova corrente
che ti porta lontano
dalle mie poesie.

Erotirobot

Raccolgo. le gambe. dalla terra. ne mangio. un pezzo.
mamma che sigarette sono. le control?. le control?.
ho perso il control. di nuovo.
le macchine ci sfrecciano dietro. ma i tuoi. specchi. dietro la schiena.
non. le. vedo.
circùiti circuìti. per cingerti. le braccia.
come le corone. di spine.
l'olio di motore. reprime. il desiderio. di fare rime.
di seppellirti. in mezzo. agli altri corpi.
forse. ti seppellisco. tra gli ingranaggi. dei. robot.
forse. mi seppellisco. con te.
bastava. saltarmi addosso. per non. cigolare.
non. trovo. nulla. addosso. a te.
nemmeno un po'. di polvere da sparo.
perché la morte di stenti. fa soffrire gli umani.
ma da mangiare. c'è un intero paese.
ci sono cuori. polmoni. braccia. seni.
e tu non mangi i robot. e nemmeno gli umani.
e tu non mangi i robot. e nemmeno i cieli.
sfociare nel nonsense. andare in corto circuito.
esplodere. sorridere.
vincere. è una doccia fredda.
in quanto doccia. mi arrugginisce.
mi dona. il rosso. come a te. tra i capelli.
io. acrilico. tu. ruggine.

L'ordine cinico delle cose

La parodia è conclusa, queste note sono scritte a fine spettacolo, a sipario chiuso, per disilludere il pubblico e ricordargli che quello che ha visto è solo finzione, anche quando si parla della seconda guerra mondiale.
Non ho mai pensato, in realtà, di iniziare a scrivere poesia. Dopo 'bestemmia sterile' avevo già qualche altra idea in prosa mentre una certa paura mi soffocava ogni volta che qualcuno chiedeva del mio primo romanzo, delle vendite, della trama, del design della copertina ma cosa volete da me leggetelo poi mi dite, io non ci credo all'umiltà, non ci ho mai creduto e li riconosco, i limiti di 'bestemmia sterile', il disgusto a volte forzato, lo slegamento dei capitoli, il flusso di coscienza ma perché questi non possono essere anche i pregi dell'opera? E se v'ho disgustato, credete, s'è solo fatto apposta.
Se sono riuscito nell'intento di mettere su carta 'Pink Flamingos' di John Waters? No, questo no. Ma sono riuscito in altri intenti, nel meta romanzo in minima parte, di più nella parodia perenne della comunicazione e del sociale, nel non vendere più di quindici copie. 'Bestemmia sterile' è un libro monco, davvero, ma con dignità, e sono convinto che non scriverò mai più qualcosa come il suo capitolo finale. Lo leggerò sempre ai reading, lo giuro.
Poi è venuta la poesia. Per parodia, come tutte le cose, ho iniziato a scriverne.
Dovete sapere che la maggior parte dei poeti che leggo mi piacciono davvero poco, quasi nessun senso del ritmo e della musicalità, tutti innamorati di questo inutile classicismo (che ha rovinato la cultura italiana) e tutti con la gioia in corpo di volerlo

non imitare, ma ricalcare pedissequamente. Il più grande poeta italiano è stato Cecco Angiolieri, che, infatti, li prendeva in giro tutti. Non apprezzo gli Alfonso Gatto poeti tantomeno i Bukowski in versi, non me ne vogliano, non c'è un modo giusto per fare poesia, solo il modo dell'autore e buona morte faccia il critico. L'ordine in cui queste poesie erano state posizionate era diverso da quello quasi-cronologico che alla fine ho scelto perché mi piaceva che il pubblico sentisse lo stesso cambiamento che ho sentito io: le poesie iniziali sono più impetuose, come i capitoli finali di 'bestemmia sterile', sono cattive, criticabili e acide, hanno forza (se ce l'hanno) nella rabbia profetica che mi accompagnava in quel periodo, le altre invece (che sono la maggior parte, a dir la verità) hanno uno stile differente, meno impetuoso, forse più intimista, sarà che il tempo passa e la mia agorafobia autodiagnosticata peggiora e per essere arrabbiati bisogna essere animali sociali e Grazia è il mio sociale bollente e l'unico che mi riscalda. C'è qualche lavoro in lingua inglese, non traduco per non sembrare troppo superbo, dovete capire che i giochi di parole in italiano stavano per finire e me ne servivano altri. 'Castità ed infanticidio di Peter Pan' è il monologo in versi che spero di portare preso a teatro.

Ringrazio la pittrice salomè che mi ha gentilmente donato un suo disegno senza nome (che io ho adorato appena visto) per farci la copertina di questa raccolta, ringrazio Kavinski, Wes Anderson, Jean Paul Jeunet, Boris Vian, Davide Toffolo e Michelle Gondry. Poi Giovanni e ancora Grazia che mi tiene stretto anche quando decido di cadere.

La parodia è davvero finita.

l'Autore.

Sommario

Antonio Iannone
3407039042 – adirtydivine@libero.it
La morte sarà una meravigliosa avventura.

www.ingramcontent.com/pod-product-compliance
Ingram Content Group UK Ltd.
Pitfield, Milton Keynes, MK11 3LW, UK
UKHW020220250726
13967UKWH00001B/98
9 781291 742312